ALICE OSEMAN

HEARTSTOPPER

Tom 4

Przełożyła: Natalia Mętrak-Ruda

Tytuł oryginału: *Heartstopper: Volume Four*

Skład i łamanie: Robert Majcher
Opracowanie graficzne polskiej okładki: Magdalena Zawadzka/Aureusart

Uwaga! W książce znajdują się przedstawienia napaści fizycznej i słownej homofobii.

ISBN 978-83-8266-115-6

Wydanie pierwsze, Wydawnictwo Jaguar, Warszawa 2022

Adres do korespondencji:
Wydawnictwo Jaguar Sp. z o.o.
ul. Ludwika Mierosławskiego 11a
01-527 Warszawa

www.wydawnictwo-jaguar.pl
instagram.com/wydawnictwojaguar
facebook.com/wydawnictwojaguar
tiktok.com/@wydawnictwojaguar

Druk i oprawa: Abedik
Wydrukowano na papierze Creamy 80 g, dostarczonym przez **ZiNG** Sp. z o.o.

SPIS TREŚCI

UWAGA: W tym tomie *Hearstoppera* znajdują się opisy problemów ze zdrowiem psychicznym, takich jak anoreksja i samookaleczanie. Więcej informacji na temat treści znajdziesz pod adresem: aliceoseman.com/content-warnings

* Nie znasz jeszcze całej historii?
Przeczytaj rozdziały 1 i 2 w TOMIE 1!
Przeczytaj rozdział 3 w TOMIE 2!
Przeczytaj rozdział 4 w TOMIE 3!

<u>10 sierpnia</u>

Czy nie jest za wcześnie, żeby powiedzieć Nickowi? Chodzimy ze sobą od czterech miesięcy, a wydawałoby się, że znacznie dłużej!

Uznaliśmy, że jesteśmy już oficjalnie parą,

byliśmy razem w Paryżu

i ujawniliśmy się przed <u>całym</u> rocznikiem.

Ja. Jesteśmy razem.

5. MIŁOŚĆ

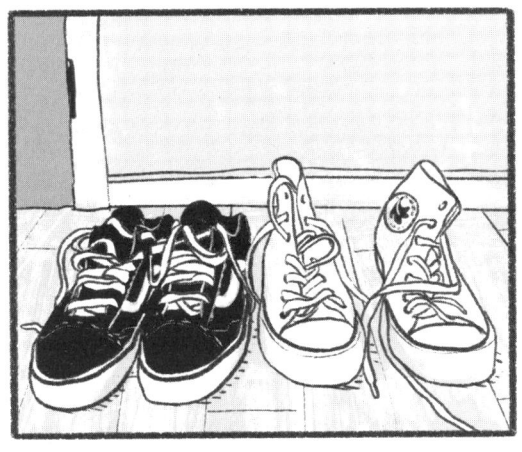

Nick...

Kocham cię.

SIERPIEŃ

To znaczy... jestem w tobie <u>zakochany</u>.

Po prostu... chciałem, żebyś wiedział.

A ty... nie musisz nic mówić w odpowiedzi...

ani teraz, ani kiedy-kolwiek...

To znaczy... mam nadzieję, że kiedyś to jednak powiesz, bo ja naprawdę cię kocham i chciałbym, żebyś ty też mnie pokochał, ale nie chcę wywierać presji...

KRĘCI PALCAMI

SZUR

No to mu powiedz.

To... to nie takie proste.

?

Jest pewnie za wcześnie.
A jeśli on nie czuje tego samego, zrobi się <u>dziwnie.</u>

A ja nie chcę, żeby zmuszał się do niezręcznego „ja ciebie też".

POCHYLA SIĘ

Czyli... to ostatnia szansa,
żeby powiedzieć mu to latem.

Siada

To
powiedz
mu
dzisiaj.

NIEEEEE

Tak.

Charlie?

Tak?

Kiedy Nick dołączy do naszej rodziny, będę miał DWÓCH starszych braci, a nikt w mojej klasie tylu nie ma!

Charlie! Nick przyszedł po ciebie!

OK! Już idę!

CHWYT

Co dzisiaj planujesz?

Nie wiem. Może pojadę do miasta. Potrzebuję nowej torby.

Może pojedziesz z nami na plażę?

Nie. Nie lubię słońca.

A co u twojej mamy?

W porządku! Stresuje się wakacjami, ha, ha!

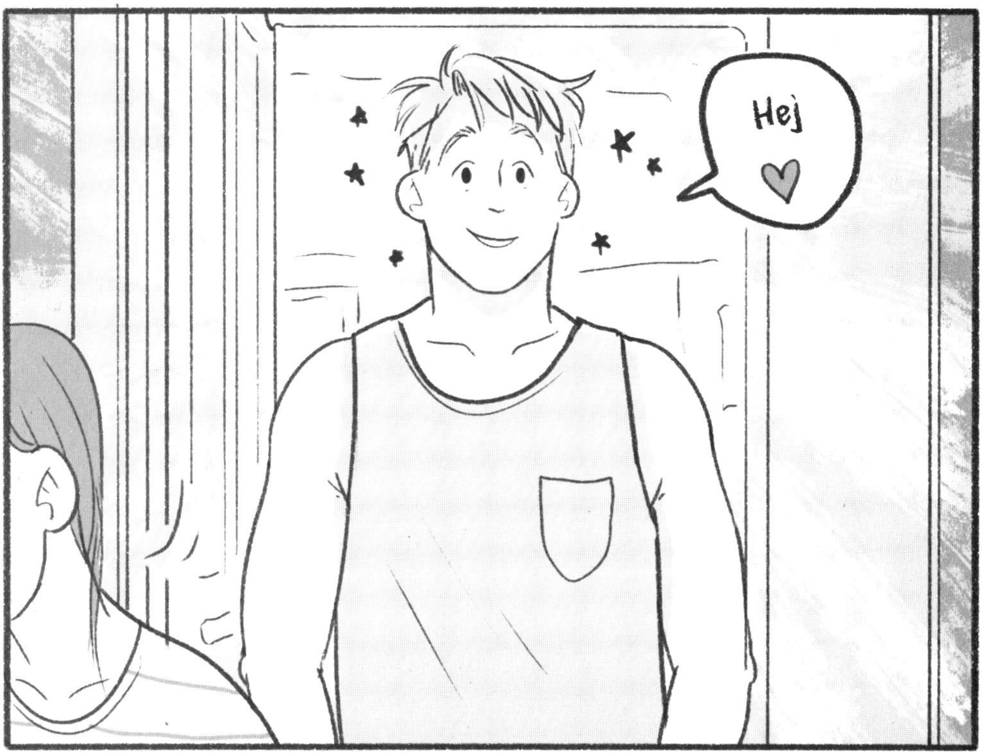
Hej ♥

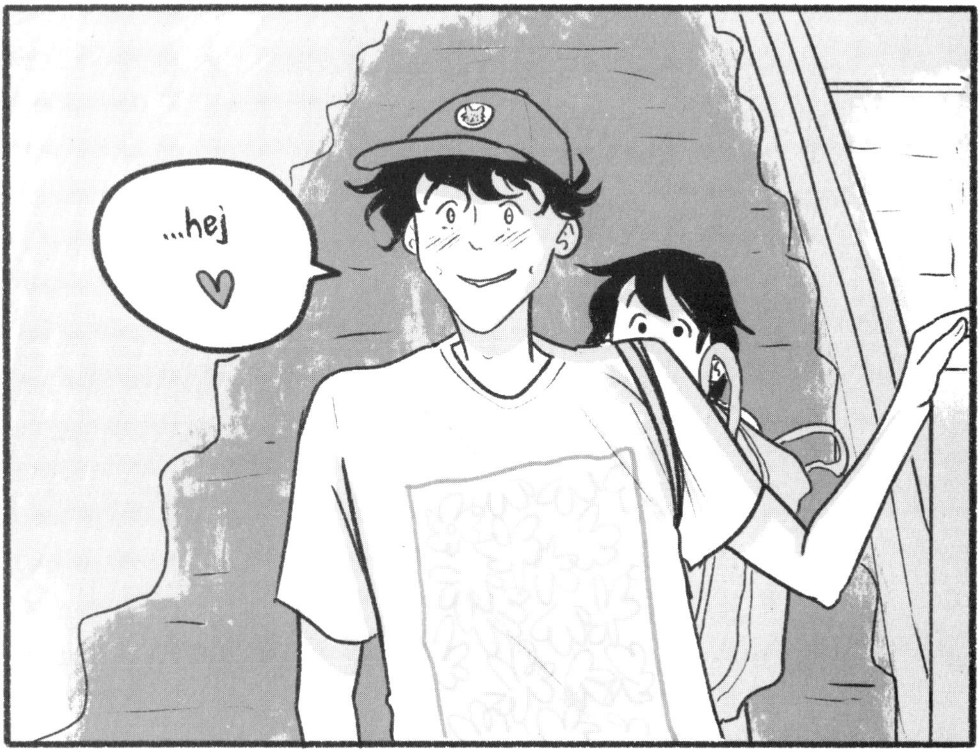
...hej ♥

OK, jedziemy jeszcze po kogoś?

ELLE →

Nie, z Tarą, Darcy i Sahar spotkamy się na miejscu!

Jak się masz, Charlie? W domu wszystko w porządku?

Tak, wszystko w porządku, Mariam!

MAMO, możemy już jechać?!

OK, ok!

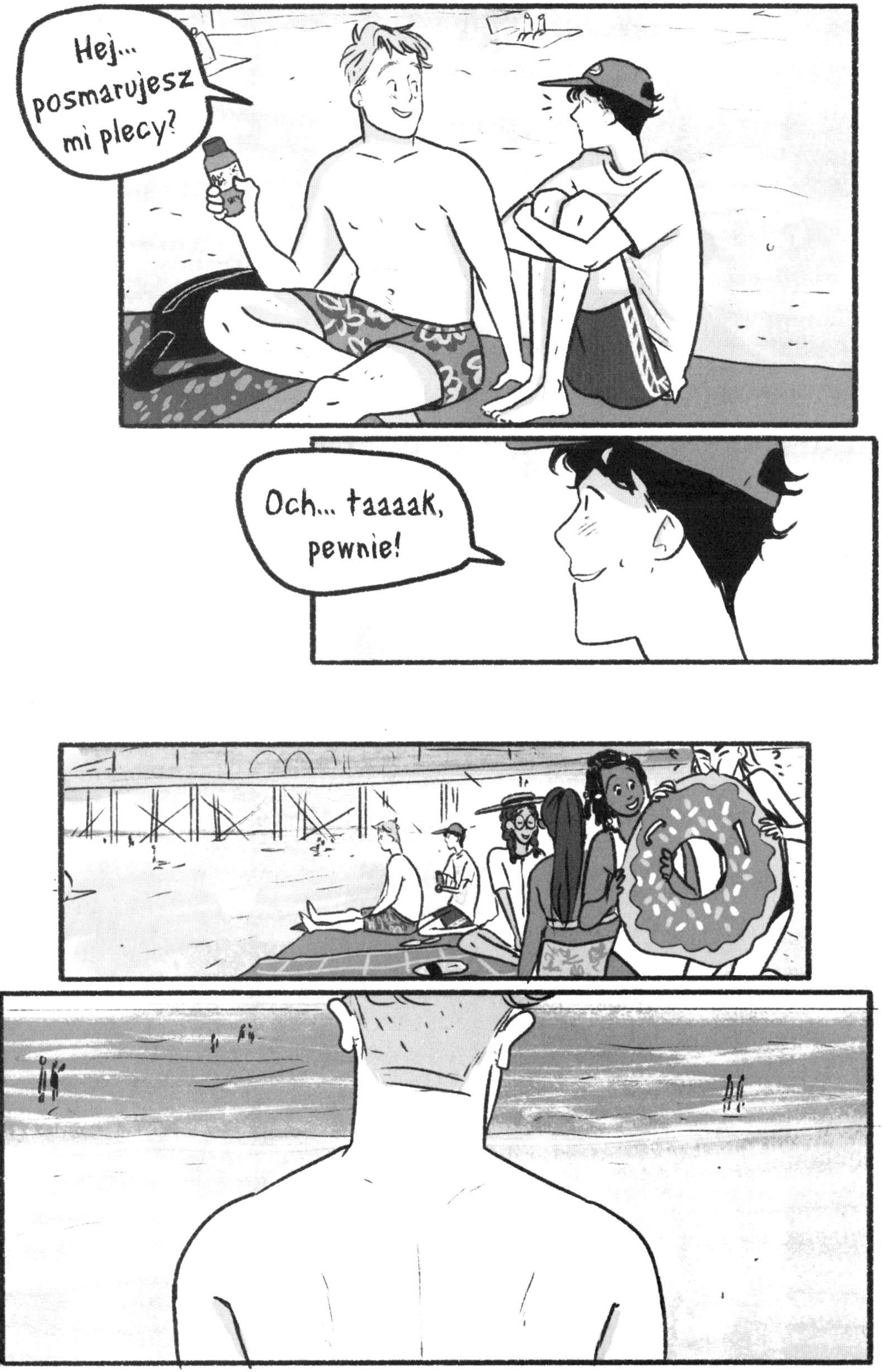
Hej...
posmarujesz
mi plecy?
Och... taaaak,
pewnie!

CHWYT

ŚCISK

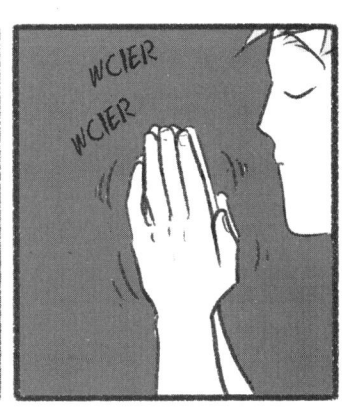

WCIER
WCIER

PLA SK

O BOŻE,
NICK,
to...
obrzyd-
liwe...

PRZECHYŁ

Nie zapomnij
nakremować
sobie stóp!

O Boże.

Nick! Przestań całować swojego chłopaka i się POSPIESZ!

PFFF

WSTAJE

Trze

Czy nie widziałeś go już tysiąc razy bez koszulki w szatni po treningach rugby?

To zupełnie _coś_ innego!!!

Wydajesz się zestresowany.

Co się dzieje?

...

Chcę powiedzieć Nickowi, że go... yyy... kocham.

Ale wy... już jesteście parą.

WIEM.

Rozpuściłaś włosy.

Tak, i co?

Ładnie ci tak.

I tak nie pozwolę ci podjadać aż do lunchu.

...

Charliemu przed chwilą zaproponowałaś!

Charlie się kiepsko czuje. Jemu wolno.

Charlie?

Może za chwilę. Ale dzięki.

PLUSK

!!!!

Dalej nie idę. Jest za zimno.

PLUSK

DARCY!!!

Nie ma za co. ü

Ciesz się, że cię kocham.

AAACH, donut nam odpływa!

ŁAP GO!!!

Kilka tygodni wcześniej...

W przyszłym roku przenoszę się do Truham.

Och!

I trochę się denerwuję. Wiem, że w 12 i 13 klasach jest sporo dziewczyn, ale chłopaków wciąż jest więcej, prawda?

Tak... Co roku jest z dziesięć dziewczyn na dwustu chłopaków.

Tak myślałam... Denerwuję się... Nowy etap w nauce zawsze jest stresujący, ale zmiana szkoły jeszcze bardziej mnie przeraża.

szepcze

Wszystko ok?

...hm?

Och.

Po prostu wolno dzisiaj jem. Ha, ha.

TWORZY PLAN

Pfff

O, cześć!

Hej!

Chcesz zjeść gdzie indziej?

Hej!

Będziecie flirtować dalej czy pomożecie nam z tym jedzeniem?

ścisk

Ha, ha, jesteśmy pełni! Sorry!

I dobrze, będzie więcej dla nas!

Dzięki.

Nie ma za co.

Nie tylko są homofobami, ale są też po prostu niesympatyczni. Bez przerwy ją krytykują.

Kiedy się poznałyśmy, była tak szczęśliwa i pewna siebie, że sądziłam, że ma wspaniałe życie.

Ale zdałam sobie sprawę, że ludzie mają różne problemy... a my czasem nic o tym nie wiemy.

Żałuję, że nie powiedziałam jej wcześniej, że...

może na mnie liczyć.

Że wiem, przez co przechodzi.

Ściska

Ale mam was. To mi wystarczy.

Wiesz, że nie mam kostiumu.

Może się po prostu przejdziemy?

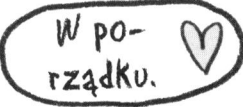

W porządku. ♡

Hej!

Znalazłem płyciznę!

PLASK

HA
HA!

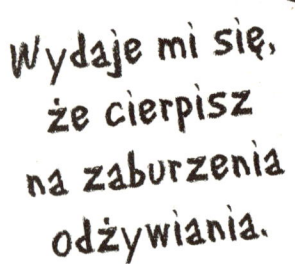

Wydaje mi się, że cierpisz na zaburzenia odżywiania.

Trochę o tym poczytałem i wiem, że nie chcesz, żebym próbował cię „naprawiać", ale tak bardzo mi na tobie zależy i widzę, że jest coraz gorzej, dlatego...

Gdyby tak było... co powinienem zrobić?

Może powiedz swoim rodzicom?

Ale ja... nie wiem, czy by mi uwierzyli.

Większość ludzi myśli, że na zaburzenia odżywiania cierpią tylko dziewczyny.

Ale to nieprawda! Czytałem o tym! Możemy pokazać twoim rodzicom artykuły i strony internetowe!

Wszystko im wyjaśnimy, a wtedy... na pewno nam pomogą!

Tak, możemy spróbować.

CHRUP

chrup chrup ?

AAACH!

Za dwanaście godzin lecę na Minorkę, a NIE MOGĘ ZNALEŹĆ OKULARÓW DO PŁYWANIA!

TULI

Dobrze wiesz, że będę za tobą bardzo tęsknił.

CAŁUS

HA HA

Okej, muszę iść pod prysznic. Wciąż mam piasek wszędzie.

Chcesz potem obejrzeć film?

Pod warunkiem, że to nie będzie film Marvela.

Oj, zapomniałem, jaki masz beznadziejny gust.

Ej!

TRZASK

Za dziesięć minut wracam!

PAC

chrup

TURL

Nick jest w tobie
tak zakochany, że czasem
nie da się na to patrzeć.

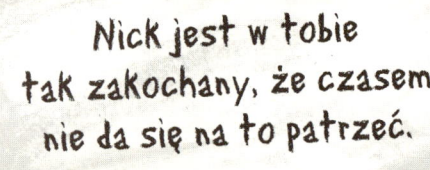

...co masz na myśli?

Kiedy spytałeś, czy chciałem z tobą rozmawiać o jedzeniu. Wcale nie o tym chcia- łem mówić.

Tak naprawdę chciałem powiedzieć...

No to pa!
Sam wrócę
do domu!

...

CZEKAJ

BĘC

Charlie,
POCZEKAJ!

Charlie!

TUP
TUP
TUP
TUP
TUP

TUP
TUP

TUP
TUP

TUP

heeej

Hmm... trochę jesteś goły.

Powiedziałeś mi, kiedy byłem POD PRYSZNICEM.

Prze...

I ani mi się waż przepraszać.

...okej.

Ja też cię kocham.

Bardzo cię kocham.

Ale nie mówisz tego tylko dlate-go, że ja...

Charlie!!!

Ha, ha, ha.

Chodź tu, durniu.

Ciągle jesteś wilgotny.

Co ja poradzę, że powiedziałeś, że mnie kochasz, kiedy byłem POD PRYSZNICEM.

O Boże, czemu ja to zrobiłem?

Czemu my się tak zachowujemy?

Bo jesteś Charlie.

I mnie kochasz.

A ja kocham ciebie.

TRZASK

SKRADA
SIĘ

Charlie.

Spóźniłeś się.

Możesz iść. Porozmawiamy jutro.

OK!

I co? Powiedziałeś mu?

Tak...

To był dobry dzień.

 hej

kocham cię

bardzo

 Hej ja ciebie też

KOCHAM CIĘ!!! Lubię to powtarzać

Już za tobą tęsknię

dojechałeś chociaż na lotnisko lol

 ...nie

 Moi mali kuzyni pozdrawiają!!!

omg

na pewno nie mogę z wami jechać?

 Samolot odlatuje za półtorej godziny!

Jak szybko biegasz??

chętnie spróbuję

zmieściłbym się
do twojej walizki

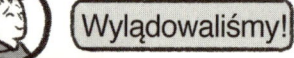 Wylądowaliśmy!

wracajcie

Porozmawiasz z rodzicami o jedzeniu?

spróbuję xx

♡♡♡♡

♡♡♡♡♡♡♡

1131

PO PROSTU

DAJCIE MI SPOKÓJ!!!!

TUP
TUP

TRZASK

Julio, wiesz, że nie możesz tak podkopywać mojego autorytetu.
Ale naprawdę byłaś zbyt surowa.
Ja po prostu... zawsze mówię nie to, co trzeba.

MUZYKA
Wrrr zasięg wszędzie tu jest kiepski! Mam nadzieję, że chociaż tę wiadomość dostaniesz! Będę do ciebie pisał tak często, jak się da! cię!
okej! ja też cię kocham xxxx

Pierwszy tydzień

Drugi tydzień

Hej

Prawie się nie odzywasz...

Wszystko ok?

Po pro-stu tęsknisz za Nickiem czy...

chodzi o coś jeszcze?

BRZDĘK

Ej, co ku...

David!

No co? Jesteśmy na wakacjach! Przestań się gapić w telefon!

Spieprzaj.

Ooooch nie zesraj się.

Bez przerwy tylko piszesz do tego swojego chłoptasia.

Nie wiedziałem, że geje są od siebie tak uzależnieni.

Trzeci tydzień

SKRET

Tori!
Nie mogłaś się trochę ładniej ubrać na kolację? Dziadkowie przylecieli aż z Hiszpanii!

Mnie się podoba...

PRZEWRACA OCZAMI

To chociaż idź po braci. Dziadkowie zaraz tu będą!

PUK
PUK

Charlie?

¡Hola, abuelo!

¡Charlie! ¿Cómo te va en el colegio?

¿B-bien?

KLEP
KLEP

Ech, wciąż nie uczą cię tam porządnie hiszpańskiego!

David, zamknij się!

Mam już serdecznie <u>dosyć</u> twoich złośliwych komentarzy.

Jeśli będziesz się dalej tak zachowywać, w przyszłym roku zostaniesz w domu.

pffff

Ale... tak poza tym wszystko ok? Wiesz, chodzi mi o jedzenie.

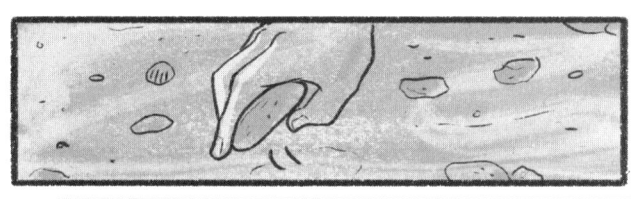

PAC

PAC

PLUSK

Kochanie? Jesteś tu już od dwudziestu minut.

Jedzenie jest dla niego bardzo trudne i budzi w nim LĘK, ostatnio jest coraz gorzej, więc namawiam go, żeby pogadał z rodzicami, ale on twierdzi, że NIE MOŻE z nimi rozmawiać o takich rzeczach, a ja... po prostu nie wiem, co z tym teraz zrobić. Nie chcę go zmuszać do jedzenia, bo to go tylko zestresuje, ale...

...ale jeśli nie zrobię nic, on po prostu...

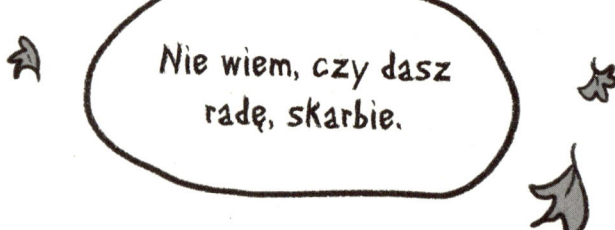

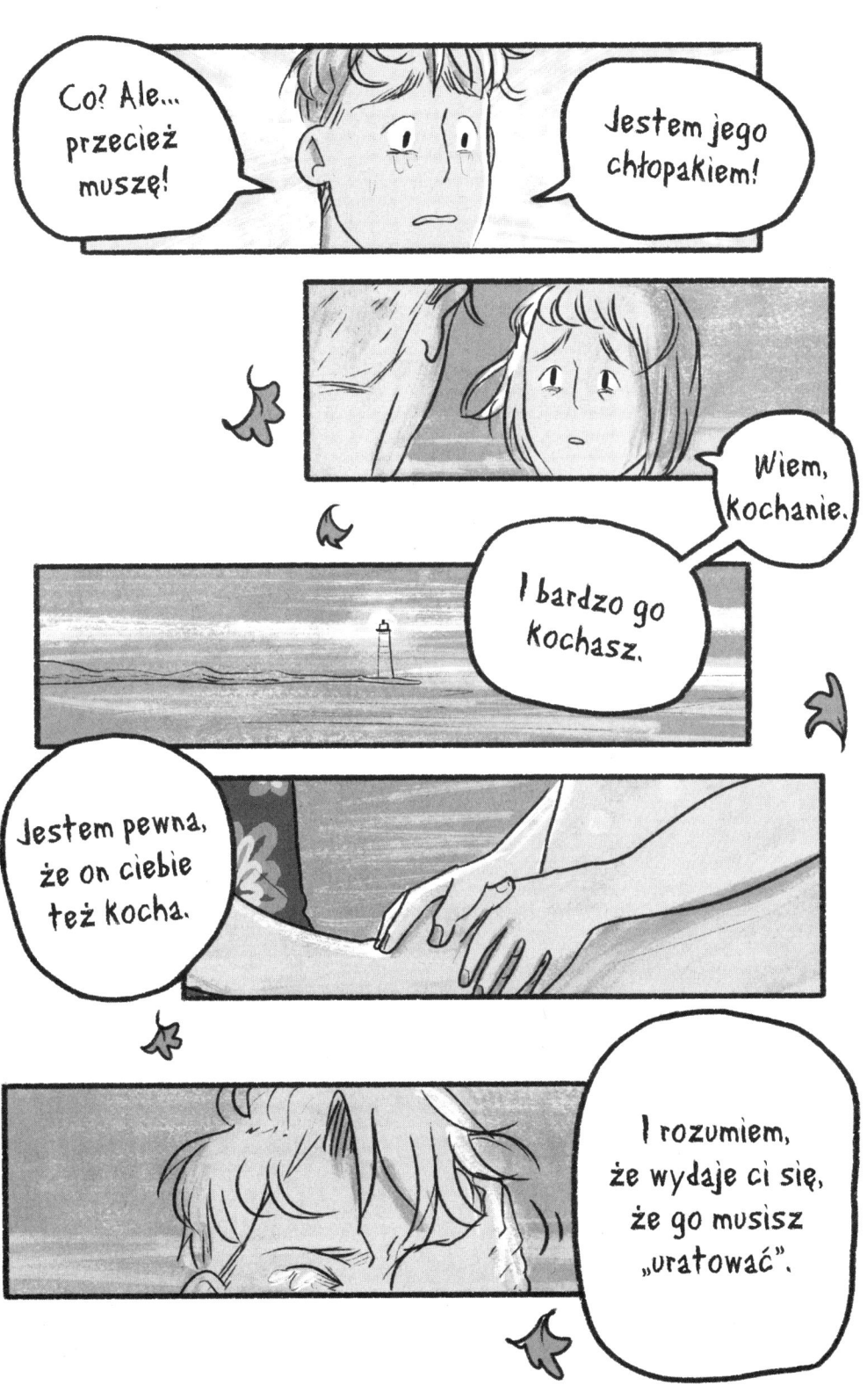

Potrze-buje pomo-cy lekarza albo tera-peuty...

Kogoś, kto zna się na zaburzeniach odżywiania i wie, jak je leczyć.

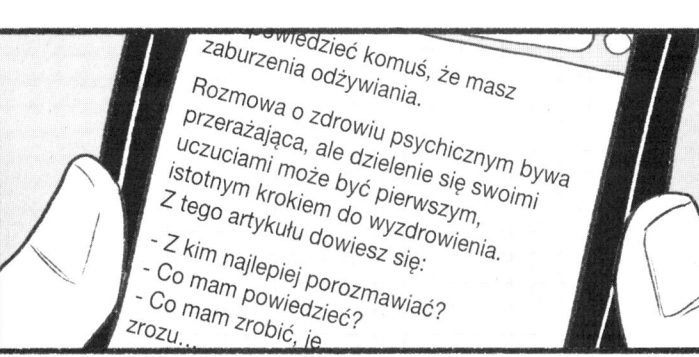

...powiedzieć komuś, że masz zaburzenia odżywiania.

Rozmowa o zdrowiu psychicznym bywa przerażająca, ale dzielenie się swoimi uczuciami może być pierwszym, istotnym krokiem do wyzdrowienia. Z tego artykułu dowiesz się:

- Z kim najlepiej porozmawiać?
- Co mam powiedzieć?
- Co mam zrobić, je zrozu...

Miłość nie uleczy choroby psychicznej.

To znaczy, że... nie mogę mu pomóc?

Tego nie powiedziałam.

chlip
No to... jak?

Wiesz... jest wiele sposobów.

A w te złe dni...

Hej!

Hej... twoja mama mnie wpuściła.

Jak się czujesz?

Gardło mnie strasznie boli.

Chcesz obejrzeć film?

Jestem zbyt zmęczona.

Możemy po prostu drzemać.

Zarażę cię...

Trudno.

Możesz spytać, co zrobić, żeby było mu łatwiej.

Bardzo go kochasz, prawda?

To może umówmy się tak:

SZSZSZ

nie mogę się doczekać jutra!!!!!!!

Ja też!!!!!! TĘSKNIĘ ZA TOBĄ

Kurwa, zabierz mnie stąd.

Serio chcesz wrócić do szkoły?

Wszędzie będzie lepiej niż tutaj.

Lepiej idź, zanim ktoś zobaczy nas razem.

Czemu? Nie wolno jeździć samochodem z innym nauczycielem?

No wiesz... teraz, kiedy OBAJ uczymy w Truham, powinniśmy uważać.

Jeśli dzieciaki dowiedzą się, że się spotykamy, nie przestaną o tym plotkować.

A więc się spotykamy?

Mam taką nadzieję. Całe lato spędziliśmy razem.

Do zobaczenia na lunchu. ♥

Imię i nazwisko: Nicholas Nelson

Rocznik: 12

Grupa: Hamlet 5

Wybór egzaminów:

PSY: PSYCHOLOGIA

BIO: BIOLOGIA

WF: WYCHOWANIE FIZYCZNE

GEO: GEOGRAFIA

TYDZIEŃ	PON	WT	ŚR	CZW	PT
1	WOLNE	PSY	WF	WOLNE	PT
2	GEO			WOLNE	BIO

Nick!

CHRISTIAN
OTIS
SAI

Rany, Nick, gdzie ty się podziewałeś przez całe lato?

Bez kitu, myślałem, że zniknąłeś!

Przez trzy tygodnie byłem na Minorce, więc...

A zatem nie ma to nic wspólnego z tym, że masz CHŁOPAKA.

Łał, a więc od tego zaczynamy.

To znaczy, że... słyszeliście o mnie i Charliem?

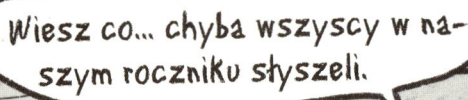

Wiesz co... chyba wszyscy w naszym roczniku słyszeli.

Przepraszamy, jeśli głupio ci było nam o tym powiedzieć.

Twój komentarz o „dobrych kumplach" raczej nie pomógł.

Powiedziałem to JEDEN RAZ.

Przestaniesz to wreszcie wyciągać?

Nie mogę uwierzyć, że Nick jako pierwszy z nas się z kimś związał.

Ja też nie.

A to niby dlaczego?

Nick!

O, cześć Sahar! Chłopaki, to jest Sahar!

Hej!

Hej!

Zapomniałem, że dziewczynom wolno chodzić z nami do Truham.

1183

Yyy... pomożecie mi znaleźć salę?

Pewnie, poprowadzimy cię.

O rany, pan Miller cię będzie uczył?

BIIIP

8:07

Charlie 🐻

Ja też!!!!!! TĘSKNIĘ ZA TOBĄ

Dzisiaj

hej jesteś w szkole?

PRAWIE

pospiesz się muszę cię pocałować

TŁUM

CIĄGNIE

Tęskniłem za tobą.

Droga grupo,
witaj z powrotem!

Jeśli martwisz się o ukochaną osobę

Rozmowa o zdrowiu psychicznym, nawet z najbliższymi, bywa trudna. Być może martwisz się, że powiesz coś głupiego albo sprawisz komuś przykrość. Przerwanie ciszy może być jednak pierwszym, istotnym krokiem do wyzdrowienia. Oto kilka porad, jak rozmawiać z bliską osobą o zdrowiu psychicznym:

Dobra, moi drodzy!

Usiądźcie spokojnie.

Drog... ...o, witaj z... ...tem!

Nazywam się Farouk. Będę opiekunem waszego rocznika.

Zasną-teś?

Ha, ha, ups

Jestem strasznie zmęczony.

Sobota

otwiera

Hej...

Hej... co się dzieje? Wszystko OK?

W porządku,
aż tak mi nie
zależy...

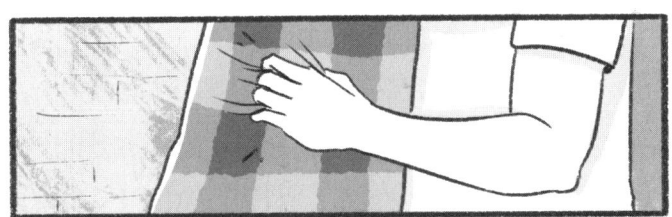

To i tak będzie
bardzo miłe
urodzinowe
popołudnie.

Na samym dnie jest prawdziwy prezent.

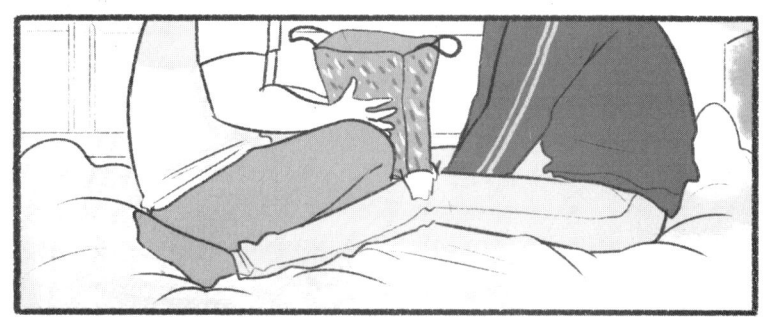

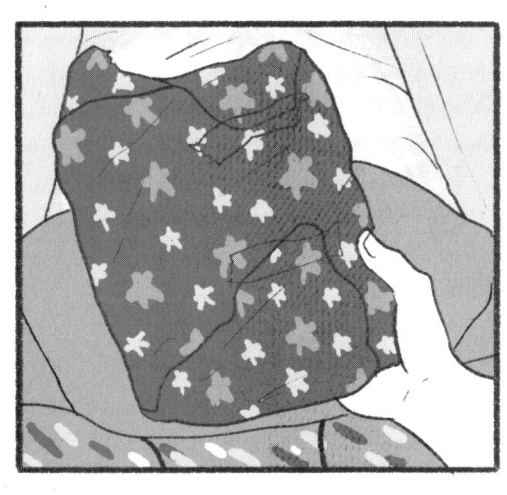

Wiem, że nie umiem ładnie pakować...

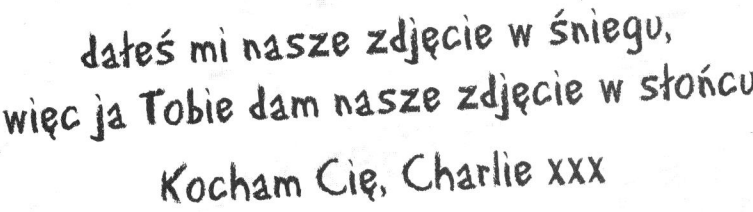

Rozumiem, że ci się podoba?

Kocham cię.

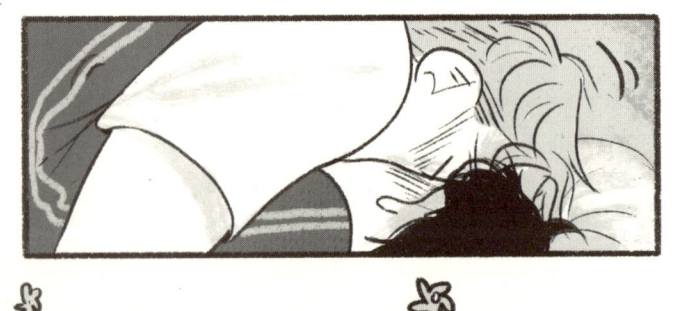

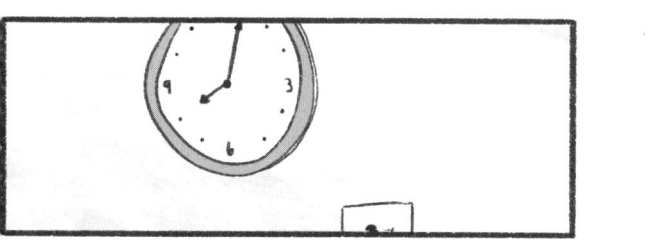

Heeej?

Char... powiedzia-
łeś, żeby cię obudzić
o ósmej.

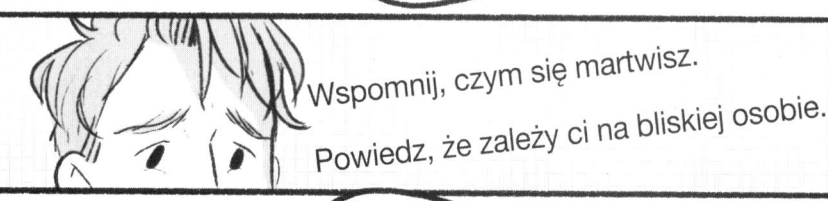

Wspomnij, czym się martwisz.

Powiedz, że zależy ci na bliskiej osobie.

Bardzo się cieszę, że porozmawialiśmy o... no wiesz, o zdrowiu psychicznym, ale... wciąż się o ciebie martwię.

Wiem, że jest ci trudno, ale...

tka

...tak bardzo się o ciebie martwię, a sam nic nie mogę zrobić.

Nie wiem, czy w ogóle mogę poczuć się lepiej.

Możesz!

Oczywiście, że możesz. Musisz tylko poprosić o pomoc.

KIWA
GŁOWĄ

Jeśli bliska ci osoba przyzna, że potrzebuje pomocy,
zachęć ją, by znalazła ją jak najszybciej.

A co, jeśli
moi rodzice
powiedzą, że
udaję albo...
jeśli się
wściekną...

Może pójdę z tobą? Choćby... żeby cię potrzymać za rękę? Nie wściekną się, jeśli ja tam będę!

KIWA GŁOWĄ

I jeszcze... Czytałem, że czasem jest łatwiej, kiedy masz zapisane, co chcesz powiedzieć.

Mamo?

Tato?

Charlie?

O, Nick? Chyba nie powinieneś tu być tak późno, co?

Przyszedł tylko na chwilę...

Ja...

chciałbym z wami
o czymś porozmawiać.

O co
chodzi?

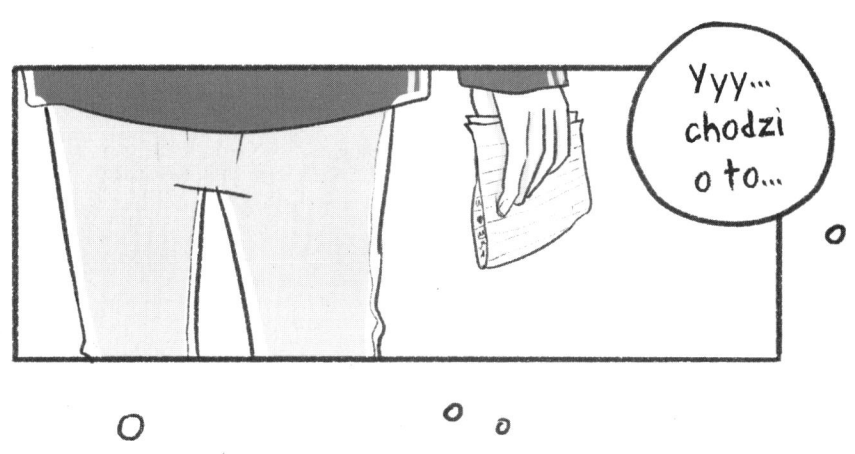

Yyy...
chodzi
o to...

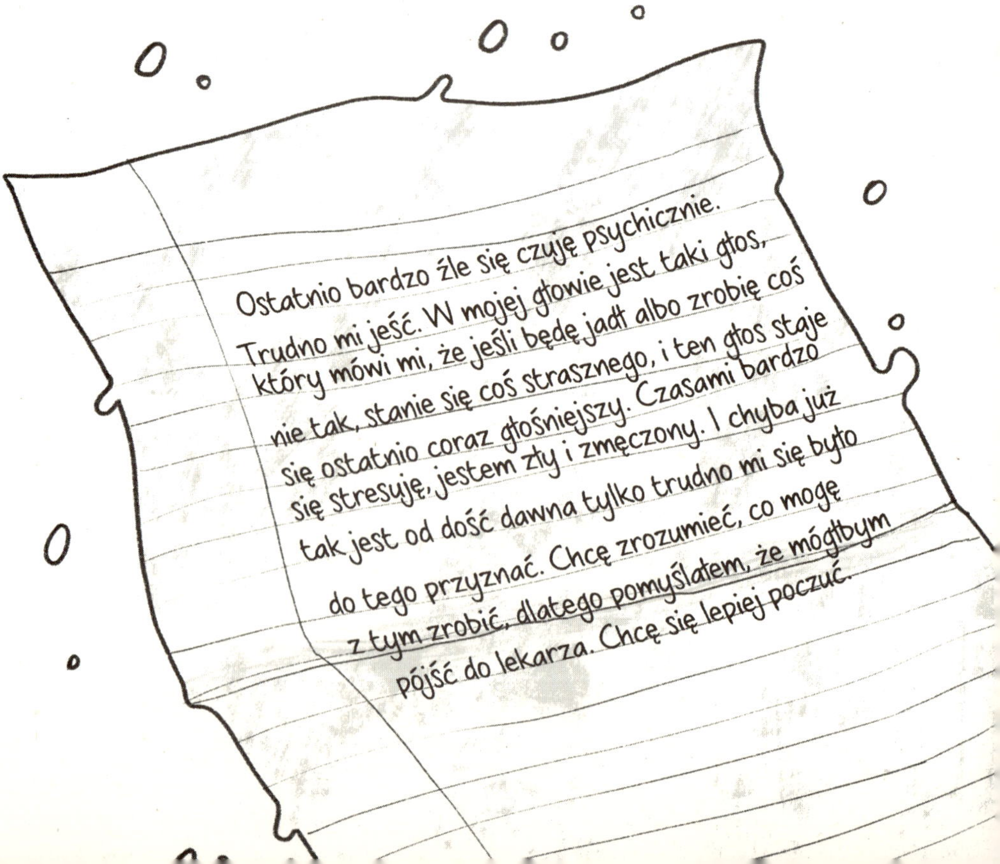

Ostatnio bardzo źle się czuję psychicznie. Trudno mi jeść. W mojej głowie jest taki głos, który mówi mi, że jeśli będę jadł albo zrobię coś nie tak, stanie się coś strasznego, i ten głos staje się ostatnio coraz głośniejszy. Czasami bardzo się stresuję, jestem zły i zmęczony. I chyba już tak jest od dość dawna tylko trudno mi się było do tego przyznać. Chcę zrozumieć, co mogę z tym zrobić, dlatego pomyślałem, że mógłbym pójść do lekarza. Chcę się lepiej poczuć.

6. DROGA

prawie cztery
miesiące póź-
niej

Sorry, Henry, jesteś jeszcze trochę za mały na spacery!

Kiedy będzie Charlie?

Za dwie godziny. Na imprezę wychodzimy dopiero o ósmej.

OK, ale poczekajcie na babcię i dziadka, dobrze? I skończ sprzątać w pokoju!

SZCZĘŚLIWEGO NOWEGO ROKU

No więc... od dawna nie pisałem.
Ostatnie miesiące były trudne, ale...
już jest lepiej... chyba?

Chociaż... znacie takie powiedzenie, że najpierw musi być gorzej, żeby było lepiej?

Taaak. Ja chyba już je rozumiem.

Jeszcze we wrześniu Charlie umówił się na wizytę do lekarza.

SUKCES!

9:15? Świetnie, dziękuję.

Powiedział, że nie znosi lekarzy. Doskonale go rozumiem.

Ale ta wizyta była wyjątkowo straszna.

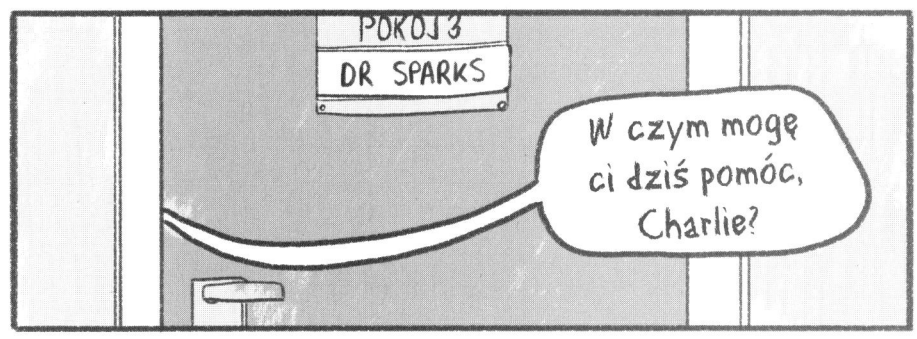

Z oczywistych powodów.

Doktor był bardzo pomocny i skierował
Charliego do kliniki zaburzeń odżywiania,
ale lista oczekujących była <u>strasznie długa.</u>

Wizyta: wtorek 4 stycznia

Jego pierwsza
wizyta została
umówiona na
styczeń.

Tylko, że wtedy

zrobiło się

naprawdę źle.

W szpitalu oceniono zdrowie psychiczne Charliego i uznano, że najlepiej będzie, jeśli spędzi trochę czasu na oddziale.

Ale wybór należał do niego.

Szpitalne leczenie zdrowia psychicznego

Choroby psychiczne najczęściej leczy się poza szpitalem. Kiedy jednak znajdujesz się w kryzysie psychicznym, pobyt w szpitalu może okazać się najlepszym sposobem, by być bezpiecznym i uzyskać odpowiednie leczenie.

Choć każdy szpital jest inny, w ulotce znajdziesz szereg informacji:

- Dlaczego szpital może być najlepszym rozwiązaniem?
- Jak uzyskać dostęp do leczenia szpitalnego?
- Jak przygotować się do pobytu w szpitalu?
- Czy można mnie zmusić do pobytu w szpitalu?
- Co się dzieje w szpitalu psychiatrycznym? Jakie są w nim oddziały?
- Co się stanie, kiedy z niego wyjdę?

Więcej informacji znajduje się na stronie:
mind.org.uk

Charlie się zgodził.

Rozmawialiśmy przez telefon, kiedy się tylko dało i oczywiście często go odwiedzałem, ale...

Żałowałem, że nie wiem, jak się czuje przez cały czas.

Czy tęskni?

Czy czuje się samotny?

Czy leczenie mu pomaga?

A może znudzony?

Jak wygląda pobyt w szpitalu psychiatrycznym?

Twoje doświadczenie będzie się różnić w zależności od szpitala, w którym będziesz, twojego leczenia i uczuć dotyczących samego pobytu.
Wspólne cechy szpitalnych pobytów to:
- dostęp do terapii i leków,
- wyszkoleni pracownicy, którzy cię wspierają,
- codzienna rutyna / struktura.

Istnieją też ich potencjalne wady:
- będziesz w szpitalu bez rodziny i przyjaciół, a wizyty mogą zostać ograniczone do konkretnych pór dnia,
- nie zawsze będziesz decydować o tym, jak spędzasz dzień,
- obsługa będzie miała prawo przeszukać cię, jeśli

Czy się z kimś zaprzyjaźnił?

Czy może jest tylko gorzej?

1244

Starałem się nie narzekać, kiedy Charlie
to wszystko przechodził, ale ostatnie
miesiące także dla mnie były pełne lęku.

Ale dużo rozmawiałem o tym
z mamą. To pomogło.

Spędzałem też sporo czasu
z kolegami z drużyny.

Teraz, kiedy się przed nimi wyoutowałem, czuję,
że mogę po prostu być sobą. I że możemy
spędzać razem czas na luzie.

Charlie poprosił, żebym nie mówił im,
co się z nim dzieje.
Nie chciał, żeby ta wiadomość
rozniosła się po szkole.

Wiedzą jednak, że nie chodzi
do szkoły, bo źle się czuje,
i na swój sposób mnie wspierają.

Charlie powiedział, że mogę o wszystkim mówić Paryskiej Ekipie.

 Elle Argent
darcy kupiłaś kartkę dla Charliego?

 Darcy Olsson
TAK wielgachną

 Tara Jones
omg

 Tao Xu
Nick, czy Charlie ma dostęp do DVD???
Moglibyśmy mu wysłać jakieś fajne filmy

Nick Nelson
tak, ma!!! Dobry pomysł, powiedział, że nie mają Netflixa ani nic takiego i może oglądać tylko filmy z 2005, haha

 Tara Jones
Ja mam koszyk na prezenty!
I naklejki, żeby ładnie wyglądał

 Aled Last
Ja mu kupiłem przybory do rysowania!

 Sahar Zahid
A ja parę książek! Mówił, że lubi czytać, więc mam nadzieję, że to w porządku

Nick Nelson
Wpadniecie do mnie jutro po szkole?
Podpiszecie kartkę, możemy też udekorować koszyk i w ogóle. no i możecie pójść ze mną i Nellie na spacer!!

 Darcy Olsson
CHCĘ POZNAĆ NELLIE

 Elle Argent
ja też

 Tao Xu
tbh chyba wszyscy chcemy poznać Nellie

Nie chciał, żeby wszyscy przyjeżdżali z wizytą - to by było za dużo. Ale oni i tak znaleźli sposób, żeby mu pomóc.

Dwa razy w tygodniu odwiedzałem Charliego razem z jego rodziną.

Chętnie jeździłbym i codziennie, ale on potrzebował spokoju.

Podczas długich podróży samochodem dość dobrze poznałem Tori i Olivera.

Tori jest cicha, ale chyba mnie lubi? Sam nie wiem.

Jest bardzo... wrażliwa

To miałaś być ty, SORRY

Droga Tori,
mieliśmy dzisiaj zajęcia z arteterapii, więc pomyślałem, że zrobię dla ciebie Kartkę! Chciałem ją zachować na twoje urodziny (więc narysowałem tort lol) ale możesz ją dostać od razu. Przepraszam, że wam to wszystko robię. Przynajmniej lepiej rysuję. Cieszysz się? Lol idk

Kocham cię

Charlie

xxx

Zajęło to kilka tygodni i wiele wizyt,
ale Charlie wyglądał nieco lepiej.

Pobyt w szpitalu był ryzykowny.
Pewnie nie każdemu pomaga.

Ale jemu pomógł.

Mógł skupić się na swoim zdrowiu
psychicznym, nie przejmując się
szkołą ani opinią innych.

Hej.

Hej.

Wrócił do domu
na początku
grudnia.

Akurat na Boże Narodzenie.

Wciąż jest mu ciężko, więc do końca
semestru nie będzie chodził do szkoły.

Boże Narodzenie było szczególnie trudne.
Przyszedł do mnie po kłótni z mamą.

Poznał naszego nowego
szczeniaka Henry'ego,
co trochę go pocieszyło,
ale...

To był trudny dzień.

Siedem tygodni w szpitalu nie sprawiło,
że magicznie ozdrowiał.

Wiem, że żaden ze mnie ekspert, ale z tego,
co w ostatnich miesiącach czytałem,
choroba psychiczna może trwać bardzo
długo... a nawet już zawsze.

Pewnie to dopiero początek
długiej podróży.

Ale na pewno czuje się lepiej.

Kiedy jestem w szkole, dużo do siebie piszemy

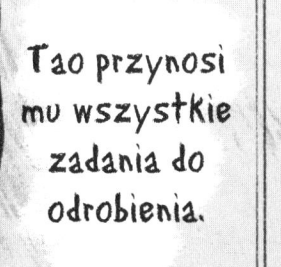

Tao przynosi mu wszystkie zadania do odrobienia.

Wczoraj siedzieliśmy sobie w jego pokoju...

powiedział coś zabawnego,

zaczęliśmy się śmiać

i strasznie długo nie mogliśmy przestać.

Tak bardzo go kocham.

No dobra, to chyba tyle.

maże
maże

No dobra, muszę już lecieć – Charlie zaraz tu będzie! Idziemy razem na imprezę sylwestrową!

Mój znajomy z klasy organizuje wielką domówkę z fajerwerkami i w ogóle.

Charlie po raz pierwszy spotka się tam z ludźmi ze szkoły. Jeśli będzie okropnie, wyjdziemy, ale na razie bardzo się cieszę.

Gotowy!

Cieszę się, że idę z moim chłopakiem na imprezę.

Jesteś pewien, że nie przeszkadza ci... że... ludzie nas widzą?

Char, wszyscy wiedzą, że jesteśmy razem.

Tak, ale wyoutowałeś się dopiero niedawno...

To było pięć miesięcy temu. Nie martw się o mnie.

CZEKAJ!

Pięć!

Cztery!

Trzy!

1277

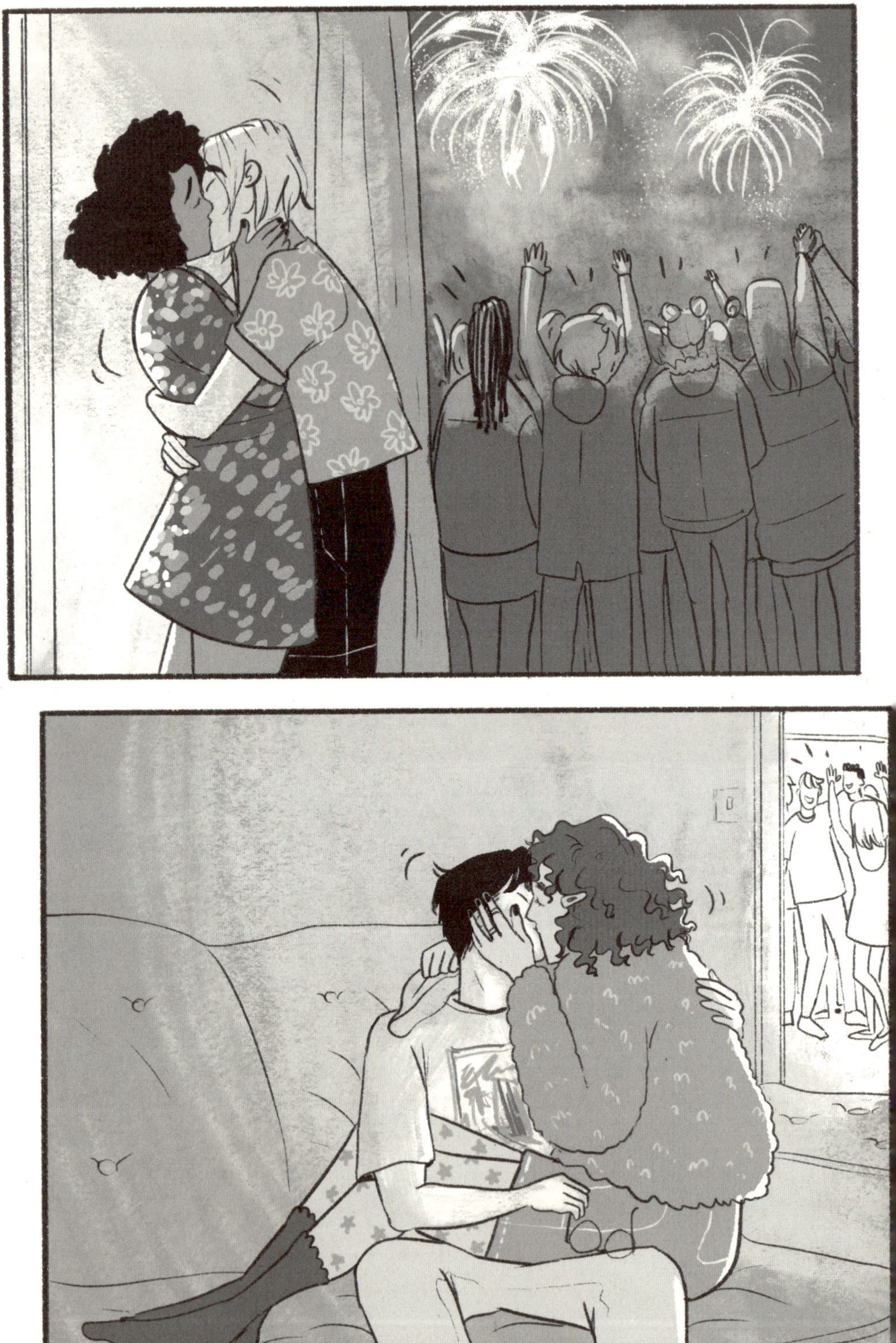

MARZEC

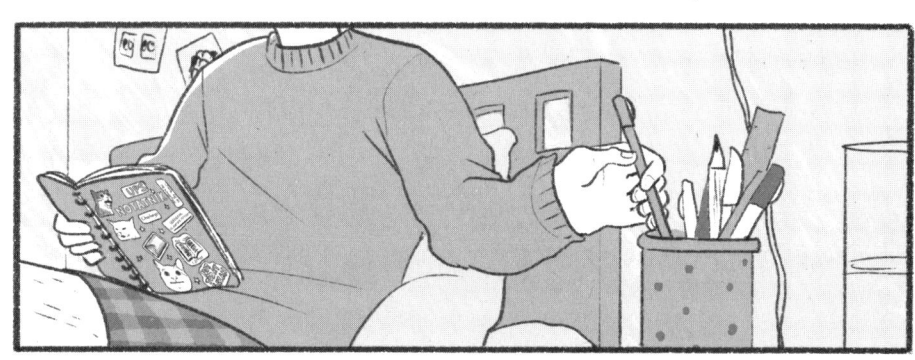

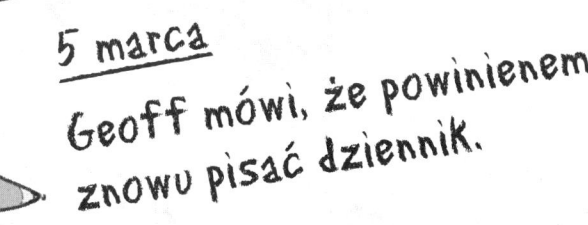

5 marca

Geoff mówi, że powinienem
znowu pisać dziennik.

Nie **KAZAŁ** mi tego robić. Ale wspomniał,
że to może być pomocne.

Pewnie ma rację.

Zazwyczaj ma rację, co zresztą bywa irytujące.

Ale nie pisałem od zeszłego lata,
a wiele się wydarzyło.

Trudno uwierzyć, że już od czterech miesięcy chodzę na terapię.

Na początku nie podobał mi się ten pomysł.

Chociaż musiałem przyznać, że jej potrzebuję.

Początek nie był łatwy, bo najpierw musiałem czekać, a potem było tylko gorzej.
śli wydaje ci
rzeń psychicznych,
się po pomoc jak najszybciej.
Data wizyty: wtorek 4 stycznia
isz wstać
a i przestać
Znowu nie ma c
Wszystko w po
pracę domowa
na jutro, a pa
jej nie oddas
Charlie czyta nasz czat?
ie on jest?
Zapominas
Nawet nie
obrzydliwe
nic nie
arlie napisz
mnie martwię
ę o ciebie!!!
„Czas oczekiwan
psychiczną dla dzie
jest niebezpiecznie dł
musisz mieć pod kontrolą albo źle
Szybko zrobiło się naprawdę źle.

Nie miałem oczywiście w planach kilku tygodni w szpitalu psychiatrycznym.

Raz było lepiej, raz gorzej.

Ale chyba miałem szczęście, bo miejsce, do którego trafiłem, okazało się pomocne.

Zaczątem terapię.
Jeszcze nie z Geoffem,
ale tamten terapeuta
też był bardzo
w porządku.

Miałem też dietetyka.
Wiem, że nie zawsze
jest taka możliwość.

Nie wolno nam było
Korzystać z Komórek,
ale dzwoniłem do domu
ze szpitalnego telefonu.

Niektóre zasady były
do dupy i czasem czułem
się okropnie, ale wiele dni
było OK. Zakumplowałem
się nawet z paroma
osobami.

Z początku wydawało mi się, że jakaś część mnie wcale nie chce wyzdrowieć. Że chcę tylko udawać, że wszystko jest w porządku i nic nie zmieniać.

Tak bardzo się bałem utraty kontroli.
A jedzenie mogłem kontrolować.

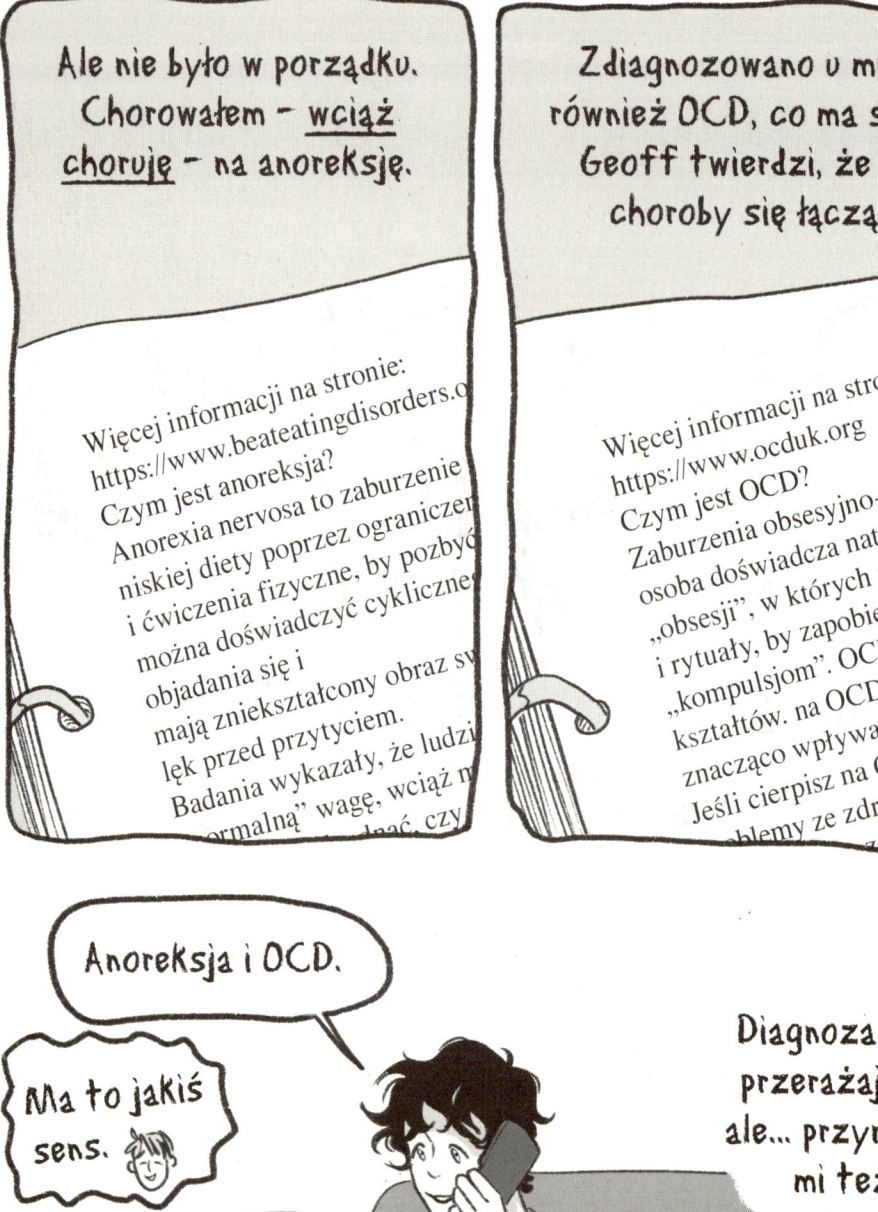

Ale nie było w porządku. Chorowałem – wciąż choruję – na anoreksję.

Zdiagnozowano u mnie również OCD, co ma sens. Geoff twierdzi, że te choroby się łączą.

Więcej informacji na stronie:
https://www.beateatingdisorders.o
Czym jest anoreksja?
Anorexia nervosa to zaburzeni
niskiej diety poprzez ograniczen
i ćwiczenia fizyczne, by pozbyć
można doświadczyć cykliczne
objadania się i
mają zniekształcony obraz s
lęk przed przytyciem.
Badania wykazały, że ludzi
ormalną" wagę, wciąż n
nać, czy

Więcej informacji na stronie:
https://www.ocduk.org
Czym jest OCD?
Zaburzenia obsesyjno-kompulsy
osoba doświadcza natrętnych i
„obsesji", w których wynik z
i rytuały, by zapobiec postrz
„kompulsjom". OCD może
kształtów. na OCD, możesz
znacząco wpływać na twoj
Jeśli cierpisz na OCD, cz
blemy ze zdrowiem p
zować i l

Anoreksja i OCD.

Ma to jakiś sens.

Ha, ha, tak.

Diagnoza była przerażająca, ale... przyniosła mi też ulgę.

Pobyt w szpitalu nie uwolnił mnie
od choroby psychicznej.
Bynajmniej.

Gotowy, by wrócić
do domu, Charlie?

Tak.

Ale pozwolił mi podnieść się z dna.

Teraz moim terapeutą jest Geoff.

Uważa się za szalenie dowcipnego. Nie wiem, czy humor jest na miejscu podczas terapii, ale sprawia, że sesje są znośne, bo nienawidzę rozmawiać o swoich uczuciach.

Lubię go.

Rozmawialiśmy z Geoffem o tym, co wydarzyło się w moim życiu przez ostatnie dwa lata.

Dziwne. Wiem, że przydarzyły mi się złe rzeczy...

Wyoutowanie.

Nękanie.

Ben.

Ale ja tego nie przerobiłem. Nie zdawałem sobie sprawy, że tak bardzo na mnie wpłynęły.

Geoff mówi,
że przeżyłem traumę.

To brzmi dość dramatycznie, ale Geoff mówi,
że najróżniejsze rzeczy powodują traumę.

Geoff mówi, że robię postępy, ale ja zaczynam zdawać sobie sprawę, że ten proces może nie mieć „Końca".

Ale Geoff mówi, że te złe dni będą się zdarzać coraz rzadziej.
I że będę się cieszył życiem i mniej stresował jedzeniem.

Czasami wydaje
mi się, że gada
bzdury.

Ale czasem jestem pełen nadziei.
Chyba muszę próbować dalej.

Wróciłem do szkoły po feriach świątecznych!

Paru nauczycieli znało moją historię.

Pan Farouk i pani Singh bardzo mnie wspierali.

Zwłaszcza że rugby po przerwie okazało się trudne.

Wydaje mi się, że Tori czuje się winna.

To bez
sensu,
ale...

z jej zdrowiem
psychicznym
też nie jest
najlepiej.

Ma jednak nowego przyjaciela, Michaela.

Zaszło więc sporo zmian.
I być może sytuacja już nigdy nie będzie „normalna" –
cokolwiek to znaczy.

Ale to chyba nie szkodzi.

To nie będzie łatwa droga.
Ha, ha, zupełnie jakby do tej
pory cokolwiek było łatwe.
Dobra, to nie jest śmieszne.

Ale serio.

W połowie stycznia wróciłem do samookaleczania.

Podczas kolacji u mnie w domu głupio pokłóciliśmy się z Nickiem.

Obaj byliśmy zmęczeni i ze-stresowani, a ja zachowywałem się okropnie, bo miałem zły dzień.

Wyszedł, a ja...

Poczułem taki straszny impuls.

To nie była niczyja wina. Nawroty się zdarzają.
Tori powiedziała Nickowi, co się stało, a on wrócił
do mnie jeszcze tego samego wieczora.

Pogodziliśmy
się.

Mama i tata pozwolili mu nawet zostać,
żeby mnie „przypilnował".

Nie było to konieczne, ale nie narzekałem.

WSTAJE

Pfff, ale masz małe łóżko.

No nie jest podwójne jak twoje!

Kocham Nicka.

Przyjdziesz do mnie jutro pobawić się z Henrym?

Pfff, czy zabawa z psem to dla ciebie rozwiązanie wszystkich problemów?

W zasadzie tak.

Tak bardzo kocham Nicka.

Ale zdałem sobie sprawę, że innych ludzi też potrzebujemy.

Rodzeństwa.

Rodziców.

Przyjaciół.

I więcej przyjaciół.

Terapeuty.

Czasem nawet nauczycieli.

To nie znaczy, że nasz związek nie jest silny.

Wręcz
przeciwnie...

Myślę, że jesteśmy
jeszcze silniejsi.

Wiem, że nie przepadasz za takimi spędami.

Spoko, będzie dobrze. Zaplanowałem, co będę jadł. No i chcę tam być dla Nicka. Od roku nie widział ojca i bardzo się denerwuje.

Jeszcze się przed nim nie ujawnił, prawda?

Nie. I wy- daje mi się, że chce to zrobić dzisiaj.

Wszystko w porządku, kochanie?

Wiem, że rzadko się widujecie, ale... to tylko twój tata.

Nie wiem, czemu nalega na wielkie imprezy za każdym razem, kiedy tu przyjeżdża, ale na pewno będzie w porządku.

Chciałbym się przed nim wyoutować.

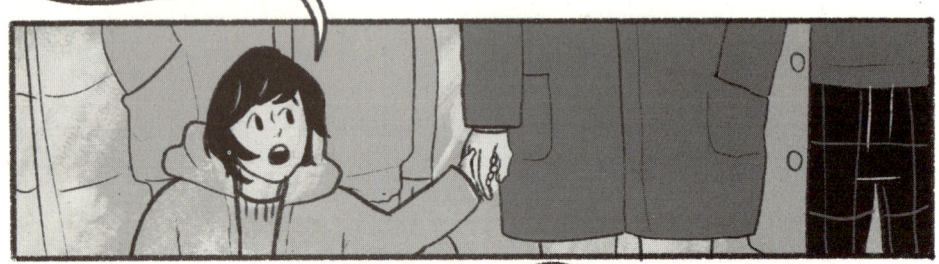

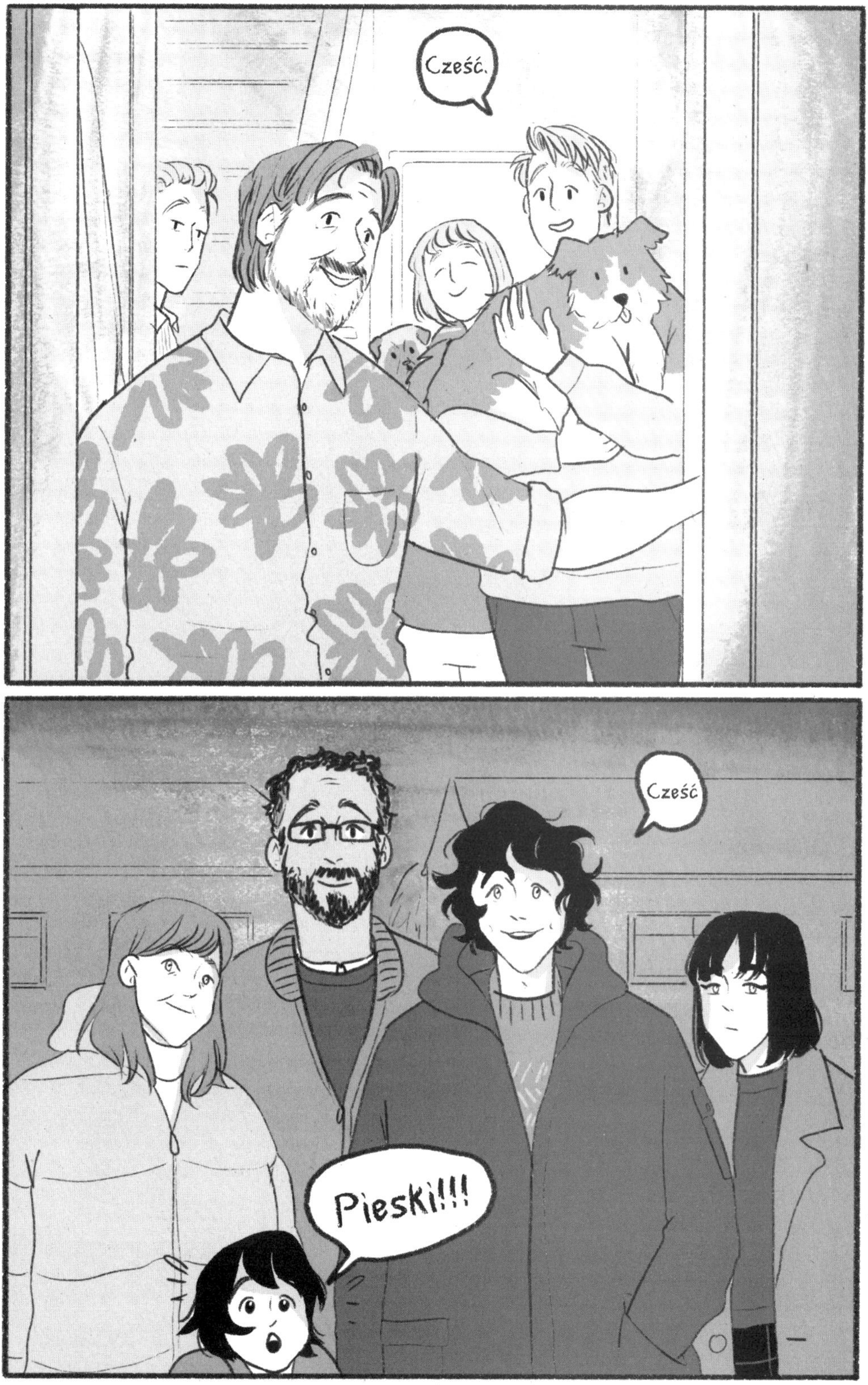
Cześć.
Cześć
Pieski!!!

Hej.

Hej.

Czy przed twoim tatą udajemy, że jesteśmy platonicznymi kumplami?

Hmmm... przynajmniej na razie, póki z nim nie porozmawiam...

Ale... dasz radę na kolacji?

Nick.

Wszystko będzie dobrze.

Pozwól mi choć raz zatroszczyć się o ciebie.

ZERKA

Później...

wdech
wydech

Wszystko
OK?

Po prostu... nie wiem, kiedy to zrobić.

Może po kolacji? Ja odwrócę uwagę pozostałych!

Dobrze...

Dzięki.

Tak, Nick bardzo namawiał Charliego, żeby dołączył.

Ciekawe, dlaczego.

No wiecie, dziewczyny uwielbiają rugbistów.

Grałem trochę na studiach. To dla kobiet bardzo atrakcyjny sport!

A wy, chłopcy, nie znaleźliście sobie jeszcze dziewczyn?

A ty...

...

Przez całe życie próbujesz mnie wepchnąć w nienawiść do siebie tylko dlatego, że sam siebie nienawidzisz. To nic nie daje!

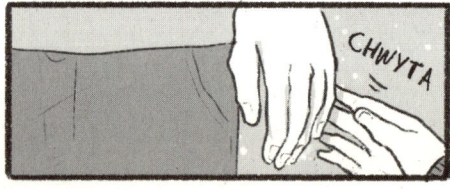

CHWYTA

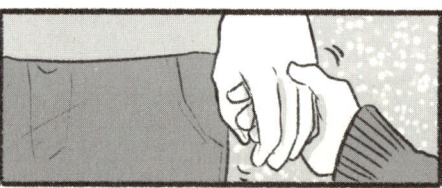

Lubię to, kim jestem. Lubię moje życie!

Więc odpierdol się ode mnie i zajmij się sobą!

krok

Nick...

Pozwolisz mu tak do mnie mówić?

Cicho bądź, David! Już i tak za dużo dzisiaj powiedziałeś!

Miałem nadzieję, że wyrośniesz na lepszego człowieka, David.

Myślisz, że masz prawo tak mówić, skoro prawie wcale nie widujesz swoich dzieci? Mam was obu serdecznie dosyć!

Mamo, dlaczego wszyscy krzyczą?

To tylko taka mała kłótnia, kochanie.

Nick...

Wiesz co? Chyba tak. Inaczej to sobie zaplanowałem, ale... cieszę się, że to z siebie wyrzuciłem.

Przy-tulić cię i tak?

Tak.

GŁASK

Nicky...

Wiedziałam, że coś pójdzie dziś nie tak.

...przepraszam.

Nie, cieszę się, że to wszystko powiedziałeś. Zwłaszcza tacie. Dobrze, że to usłyszał.

Chcesz, żebym z nim pogadała?

Nie, ja... sam to zrobię.

Tak jak trzeba.

(Wychodzisz?)

(po francusku)

Nicholas... (przepraszam)

KLEP !!

(Może gdzieś razem pójdziemy przed moim wyjazdem?)

(Razem z Charliem?)

Tak. W porządku.

Nick?

Tak?

Mam pewien pomysł...

Przepraszam za tę całą scenę!

Myślę, że doskonale dałeś sobie radę!

Dzięki.

Nie chcę wracaaaać.

Oliver, psy nie mogą z nami iść. One mieszkają tutaj.

Nieeeee!!!

Och, w naszym domu jest mnóstwo scen!

Ha, ha, dokładnie ziom.

SKRZYP

KOP

Jeszcze raz powiesz coś takiego o moim bracie, a cię zniszczę. ♡

Ale maaaaamoooo, czemu nie możemy mieć psa?!

Przykro mi, Olly...

To nie fair!!!

Mamo?

Czy mógłbym zostać jeszcze chwilę?

Pomyśleliśmy sobie z Nickiem, że, skoro zdał już egzamin, moglibyśmy się gdzieś prze-jechać?

Może do galerii albo... chyba ta kawiarnia z szejkami jest długo otwarta...?

Obiecuję, że wrócimy za godzinę albo dwie...

Wróć do domu przed jedenastą, dobrze?

Na... naprawdę?

Tak. Masz już prawie szesnaście lat. Ufam ci.

Przepraszam, że dotąd kiepsko mi to wychodziło.

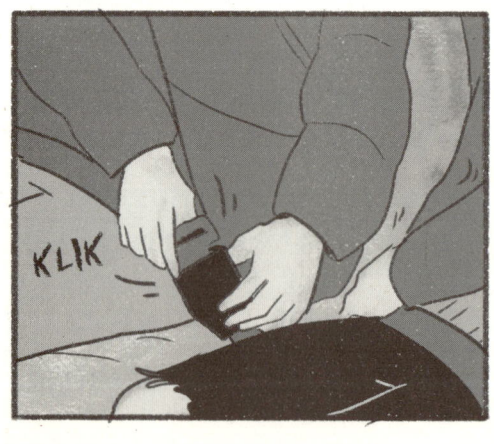

Ciąg dalszy nastąpi
w tomie 5!

Więcej przeczytasz w sieci:
heartstoppercomic.tumblr.com
tapas.io/series/heartstopper

Pierwsze razy
Mini-Komiks

PIERWSZY POCAŁUNEK

PIERWSZE WSPÓLNE GOTOWANIE

PIERWSZA CHOROBA

IMIĘ I NAZWISKO: CHARLES „CHARLIE" SPRING

KIM JESTEŚ? CHŁOPAKIEM NICKA

KLASA: 11 **WIEK:** 15

URODZINY: 27 KWIETNIA

MBTI (TYP OSOBOWOŚCI): ISTP

CIEKAWOSTKA: Uwielbiam czytać!

IMIĘ I NAZWISKO: Nicholas „Nick" Nelson

KIM JESTEŚ? Chłopakiem Charliego

KLASA: 12 **WIEK:** 17

URODZINY: 4 września

MBTI (TYP OSOBOWOŚCI): ESFJ

CIEKAWOSTKA: Bardzo dobrze piekę

IMIĘ I NAZWISKO: Tao Xu

KIM JESTEŚ? Przyjacielem Charliego

KLASA: 11 **WIEK:** 16

URODZINY: 23 września

MBTI (TYP OSOBOWOŚCI): ENFP

CIEKAWOSTKA: Mam bloga z recenzjami filmowymi

IMIĘ I NAZWISKO: Victoria „Tori" Spring

KIM JESTEŚ? Siostrą Charliego

KLASA: 12 **WIEK:** 16

URODZINY: 5 kwietnia

MBTI (TYP OSOBOWOŚCI): INFJ

CIEKAWOSTKA: Nienawidzę (prawie) wszystkich

IMIĘ I NAZWISKO: Elle Argent

KIM JESTEŚ? Przyjaciółką Charliego

KLASA: 12   **WIEK:** 16

URODZINY: 4 MAJA

MBTI (TYP OSOBOWOŚCI): ENTJ

CIEKAWOSTKA: Lubię sama szyć ubrania ♡

IMIĘ I NAZWISKO: Tara Jones

KIM JESTEŚ? Dziewczyną Darcy

KLASA: 12   **WIEK:** 16

URODZINY: 3 Lipca

MBTI (TYP OSOBOWOŚCI): INFP

CIEKAWOSTKA: Uwielbiam taniec! (zwłaszcza balet)

IMIĘ I NAZWISKO: Darcy Olsson

KIM JESTEŚ? Dziewczyną Tary

KLASA: 12   **WIEK:** 17

URODZINY: 9 stycznia

MBTI (TYP OSOBOWOŚCI): ESFP

CIEKAWOSTKA: w ramach zakładu zjadłam kiedyś cały słoik musztardy

IMIĘ I NAZWISKO: Aled Last

KIM JESTEŚ? Przyjacielem Charliego

KLASA: 11   **WIEK:** 15

URODZINY: 15 sierpnia

MBTI (TYP OSOBOWOŚCI): INFJ

CIEKAWOSTKA: Chciałbym mieć swój podcast

IMIĘ I NAZWISKO:

Sarah Nelson

KIM JESTEŚ?

Mama Nicka

IMIĘ I NAZWISKO:

David Nelson

KIM JESTEŚ?

Bratem Nicka

IMIĘ I NAZWISKO:

Sahar Zahid

KIM JESTEŚ?

Koleżanką Tary,
Darcy i Elle

IMIĘ I NAZWISKO:

Pan Ajayi

KIM JESTEŚ?

Nauczycielem sztuki

IMIĘ I NAZWISKO:

Pan Farouk

KIM JESTEŚ?

Nauczycielem fizyki

IMIĘ I NAZWISKO:

Nellie

KIM JESTEŚ?

Psem Nicka

IMIĘ I NAZWISKO:

JANE SPRING

KIM JESTEŚ?

MAMA CHARLIEGO

IMIĘ I NAZWISKO:

Julio Spring

KIM JESTEŚ?

Tatą Charliego

IMIĘ I NAZWISKO:

Oliver Spring

KIM JESTEŚ?

Bratem Charliego

IMIĘ I NAZWISKO:

Stéphane Fournier

KIM JESTEŚ?

Tatą Nicka

IMIĘ I NAZWISKO:

Henry

KIM JESTEŚ?

Drugim pieskiem Nicka

the.xu.tao

64 polubienia

the.xu.tao piąte koło u wozu

the.xu.tao

❤ 💬 ✈   🔖

71 polubień

the.xu.tao piąte koło u wozu część 2 (całują się od pół godziny)

cfspring masz obsesję na moim punkcie!!!!!

the.xu.tao @cfspring wydaje mi się, że moglibyście być parą

cfspring @the.xu.tao spieprzaj

the.xu.tao

♥ ◯ ◁   ▢

98 polubień

the.xu.tao piąte koło u wozu część 3. próbowałem tylko odrobić pracę domową

cfspring PRZYWITALIŚMY SIĘ TYLKO TO NIE BYŁ ŻADEN POCAŁUNEK
the.xu.tao @cfspring i tak było to zachowanie niegodne uczniów i zgłosz‑ was odpowiednim władzom
cfspring @the.xu.tao homofobia

102 polubienia

I kto TERAZ jest piątym kołem u wozu, co @the.xu.tao

the.xu.tao ...rozejm?

cfspring @the.xu.tao rozejm

Gdzie szukać pomocy?

Przydatnych informacji dotyczących zdrowia
i choroby psychicznej, a także pomocy i wsparcia
szukajcie na stronach:

https://www.nfz.gov.pl/gfx/nfz/userfiles/_public/dla_pa-
cjenta/magazyn_ze_zdrowiem/nfz_nr_5.pdf

https://www.ore.edu.pl/2015/06/zdrowie-psychiczne-dzieci-i-
-mlodziezy-materialy-do-pobrania/

https://www.centrumzaburzenodzywiania.pl/

https://stowarzyszenieanimo.pl/

Powyższe linki znajdziesz również tu:

Od autorki

Witajcie! Mam nadzieję, że podobał Wam się czwarty tom *Heartstoppera*. Trudno mi uwierzyć, że dotarliśmy już do czwartej części. Wam też?

W tym tomie opisałam przede wszystkim historię zdrowia psychicznego Charliego. Chciałam pokazać trudy związane z zaburzeniami odżywiania, nie zapominając jednak, że powrót do zdrowia jest możliwy, i chociaż droga nie zawsze jest prosta, sytuacja może ulec poprawie. Jednak wbrew temu, co sugerują niektóre filmy, miłość nie leczy choroby psychicznej! Tego w czwartym tomie uczy się Nick: może towarzyszyć Charliemu, ale on sam musi odnaleźć własną drogę do zdrowia.

Od czasu ostatniego tomu wiele się wydarzyło. Na początku 2020 roku wyruszyłam w trasę promocyjną po Wielkiej Brytanii, wydałam kolorowankę z motywami z *Heartstoppera* i wreszcie mogłam ogłosić, że Netflix i See-Saw Films pracują nad telewizyjną adaptacją. Wszystko to nie byłoby możliwe bez Was: wspaniałych, pełnych pasji czytelników. Jestem Wam niezwykle wdzięczna za wsparcie i miłość do tej serii.

Jak zawsze bardzo dziękuję wspaniałej ekipie pracującej nad *Heartstopperem*: mojej wspaniałej agentce Claire Wilson, niesamowitej redaktorce Rachel Wade, specjalistce od reklamy Emily Thomas, pracownikom Hachette, którzy stali się częścią podróży *Heartstoppera* i wszystkim wydawcom na świecie, którzy również zainteresowali się tą serią.

Wiem, że wielu z Was jest smutno, że następna część będzie ostatnim tomem historii Nicka i Charliego. Mnie też jest przykro! Obiecuję jednak, że będzie to historia czarodziejska, pocieszająca i pełna queerowej radości.

Do zobaczenia w tomie piątym!

Alice x

Zbierz całą serię Heartstopper.

Przeczytaj więcej o Nicku i Charliem:

Inne Książki Alice: